Zwergenstübchen

Zwergenstübchen

BACKBUCH

Vehling Verlag
Berlin • Werl i.W. • Basel • Graz

Das Zwergenstübchen ist eine Einrichtung für die werdende und junge Familie. Unsere Mütter, Väter und Kinder begleiten uns seit vielen Jahren in den verschiedenen Kursprogrammen und stehen dem Zwergenstübchen treu zur Seite.

Aus dieser Verbindung heraus entstand der Wunsch, ein Zwergenstübchen Backbuch zu schreiben.

Mein besonderer Dank gilt allen Zwergenstübchen Müttern, die mit viel Engagement bei der Entstehung dieses Buches mitgeholfen haben. Angefangen vom Sammeln der Rezepte bis zum Backen der verschiedenen Kuchen und Torten.

Großen Wert legten die Frauen auf Rezepte, die einfach zu backen sind. – Ihr Gedanke war stets, es soll ein Backbuch von Müttern für Mütter werden!

Uns allen hat die Verwirklichung sehr viel Freude gemacht, und wir wünschen Ihnen gutes Gelingen.

Elke Schuster

ZWERGENKÜSSCHEN - TORTE

Zutaten für den Teig:
100 g Mehl
100 g Zucker
3 Eier
3 EL heißes Wasser
1/2 TL Backpulver

Zutaten für die Füllung:
9-12 große "Zwergenküsse"
6-8 kleine "Zwergenküßchen"
250 g Speisequark
1/4 - 1/2 l Schlagsahne
1 EL Zitronensaft

Anmerkung:
"Zwergenküsse" = Mohrenköpfe

Zubereitung:
Eier mit Zucker und heißem Wasser schaumig rühren. Mehl und Backpulver vorsichtig unterheben. In einer Springform ca. 15 Minuten bei 175 Grad backen.
Von den "Zwergenküssen" die Waffelböden abnehmen. Schaum und Schokoüberzug zerdrücken, mit Zitronensaft und Speisequark verrühren. Dann die geschlagene Sahne unterheben und die Masse auf den Tortenboden auftragen. Zur Dekoration werden die "Zwergenküßchen" halbiert und die Torte nach Lust und Laune damit verziert.

MÖHRENTORTE

Zutaten:
12 Scheiben Zwieback
5 Eier
250 g Zucker
250 g Haselnüsse (gemahlen)
250 g Möhren (geraspelt)
Saft und Schale einer unbehandelten Zitrone
3 TL Backpulver
200 g Kuvertüre

Zubereitung:
Die 12 Scheiben Zwieback zerkrümeln (in ein Handtuch geben, zusammenschlagen, mit dem Wellholz zerreiben).
Eigelb und Zucker schaumig rühren.
Nüsse, Backpulver, Möhren, Zwiebackmehl, Zitronensaft und -schale beimischen.
Eiweiß zu Schnee schlagen, das Eiweiß unterheben.
Den Teig in eine gefettete Form füllen.
Bei 175 - 195 Grad 1 Stunde backen.
Mit Kuvertüre überziehen und z.B. mit Marzipanmöhren verzieren.

KOLONIALWAREN
Roth

SPANISCHER APFELKUCHEN

Zutaten:
4 Äpfel (gewürfelt)
200 g Butter
200 g Zucker
200 g Mehl
4 Eier
125 g gemahlene Nüsse
2 EL Kakao
1 TL Zimt
1 TL Backpulver
1 Päckchen Vanillezucker
3 EL Rum

Zutaten für den Guß:
200 g Puderzucker
2 EL Rum
etwas Zitronensaft

Zubereitung:
Gewürfelte Äpfel mit Rum und Zucker vermischen, ca. 1 Stunde ziehen lassen. Butter, Zucker und Eier schaumig rühren. Nüsse, Kakao und Zimt zugeben. Backpulver mit Mehl vermischen und eßlöffelweise unter die Masse rühren. Zum Schluß die Äpfel unterheben. In eine gefettete Springform füllen. Im vorgeheizten Backofen bei 175 Grad 1 Stunde backen. Puderzucker mit Rum, Zitronensaft und 1 - 2 EL Wasser (lauwarm) verrühren. Den abgekühlten Kuchen mit der Glasur überziehen. Mit Mandelblättchen garnieren.

APFELTASCHEN

Zutaten für den Teig:
250 g Mehl
1 Päckchen Backpulver
1/2 TL Salz
200 g Margarine
250 g Quark

Zutaten für die Füllung:
6-8 Äpfel (in kleine Würfel schneiden)
Rosinen
Zucker
Zimt

Zubereitung:
Teigzutaten vermischen, den Teig kaltstellen. Für die Füllung Äpfel in kleine Würfel schneiden, mit Rosinen, Zucker und Zimt vermischen und andämpfen. Abkühlen lassen. Den Teig ausrollen und ca. 8 cm große Quadrate ausschneiden. Die Füllung auf die Quadrate geben und zu Dreiecken zusammenlegen. Die Ränder gut andrücken. So vorbereitete Taschen mit etwas Abstand auf ein gut gefettetes Backblech geben. Bei 175 Grad ca. 20 Min. backen.

SCHNECKENNUDELKUCHEN

Zutaten für den Teig:
500 g Mehl
20 g Hefe
80 g Zucker
1 Prise Salz
etwas Zitronensaft
80 g Butter
1/4 l Milch (knapp)

Zutaten für die Füllung:
300 g gemahlene Walnüsse
oder andere Nüsse
150 g Zucker
1 Päckchen Vanillezucker
Süße Sahne zum Anfeuchten

Zubereitung:
Aus den Teigzutaten einen Hefeteig zubereiten, gehen lassen. Die Zutaten für die Füllung kurz vor Gebrauch anrühren.
Teig zu einer rechteckigen, zentimeterdicken Platte auswellen, mit der Füllung bestreichen und aufrollen, in gleich große Stücke schneiden und auf ein großes, rundes Blech legen.
Mit Sahne und zerlassener Butter bestreichen.
20 Min. bei ca. 200 Grad backen.

Marmorkuchen
250g Zucker
250g Margarine
1 Päckchen
VANILLIN ZUCKER
etwas Zitrone
4 Eier
Alles verrühren
500g Mehl
1 Päckchen
BACK PULVER
etwas Milch
verrühren
Teig teilen
2-3 Eßlöffel Rum
4-5 Eßlöffel Kaba
In eine Backform füllen. Mit einer Gabel beide Teige spiralförmig mischen. Bei 175° 1 Stunde backen.

NUSS - TÖRTCHEN

Zutaten für 15 Törtchen:
125 g Butter
125 g Zucker
3 Eier
75 g Paniermehl
75 g Haselnüsse gemahlen
1 TL Backpulver
100 g Schokoladenglasur

Zubereitung:
Butter und Zucker schaumig rühren. Eigelb dazugeben. Paniermehl, Haselnüsse und Backpulver mischen und nach und nach unterrühren.
Zuletzt Eiweiß steif schlagen, unterheben.
Ca. 15 Papierbackförmchen halb mit Teig füllen.
Im vorgeheizten Backofen bei 175 Grad 25-30 Min. backen.
Mit Schokoglasur verzieren.
Im Papier erkalten lassen.

WINDBEUTEL "LISBOA"

Zutaten für den Teig (12 St.):
1/8 l Orangensaft
1 Prise Salz
40 g Pflanzenmargarine
75 g feines Weizenmehl
3 kleine Eier
1 Msp. Backpulver

Zutaten für die Füllung:
40 g gehackte Mandeln/Nüsse
1-2 Apfelsinen/Vanillepulver
125 ml süße Sahne

Zubereitung:
Orangensaft, Salz und Fett aufkochen. Mehl in kochende Flüssigkeit rühren. Rühren bis sich der Teig als Kloß vom Topf löst. Den Teig in eine Schüssel geben. Eier unterrühren. Teig muß glatt sein. Backpulver zugeben. Teig in Spritzbeutel einfüllen.
12 kleine Tupfer auf ein mit Backpapier belegtes Backblech spritzen. Im vorgeheizten Backofen bei 200 Grad ca 20 Min. backen.
Windbeutel abkühlen, mit einer Schere aufschneiden. Mandeln ohne Fettzugabe goldgelb rösten und abkühlen lassen.
Apfelsinen waschen, trocknen, wie Apfel schälen,so daß die weiße Haut entfernt ist, in kleine Stücke schneiden.
Sahne steif schlagen, mit Vanillezucker abschmecken. Apfelsinenstücke und Mandeln unterziehen. Füllung in die Vorderseite der Windbeutel einfüllen. Deckel aufsetzen. Damit der Teig nicht durchweicht, erst kurz vor dem Verzehren füllen.
Als Verzierung evtl. kleine Blättchen Zitronenmelisse.

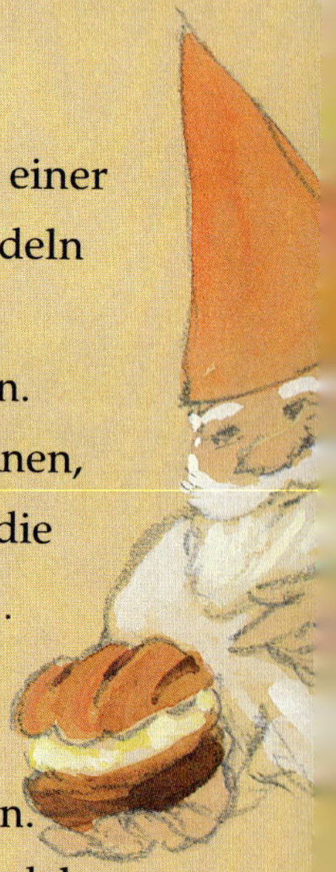

Limo-Kuchen

3 Tassen Mehl

2 Tassen Zucker

1 Tasse Öl

1 Päckchen

1 Päckchen

4 Eier

1 Prise Salz

1 Tasse Limo

Alles verrühren.
In eine Backform füllen.
Bei 180°
ca. 40–45
Minuten
backen.

BUTTERMILCH - WAFFELN

Zutaten für den Teig:

125 g Butter
50 g Zucker
2 EL Vanillezucker
1 Prise Salz
4 Eier
250 g Mehl
1 TL Backpulver
1/8 bis 1/4 l Buttermilch

Zubereitung:

Butter, Zucker, Vanillezucker, Salz und Eier gut schaumig rühren. Mehl und Backpulver sieben, löffelweise unter die Butter-Eiermasse geben, die Buttermilch zugeben, bis ein dünner Teig entsteht. Waffeleisen mit Öl einpinseln und einen kleinen Schöpflöffel Teig in das heiße Waffeleisen geben. 4 - 6 Min. backen.

FAULE - WEIBER - KUCHEN

Zutaten für den Teig:
200 g Mehl
75 g Zucker
1 Ei
75 g Margarine
1 TL Backpulver

Zutaten für den Belag:
500 g Quark
2 Eier
140 g Zucker
1 Päckchen Vanillepudding
1/2 Becher Sauerrahm
1/2 Tasse Öl
1 1/2 Tassen Milch
1 kleine Dose Mandarinen
1 Päckchen klarer Tortenguß

Zubereitung:
Aus den Teigzutaten einen Mürbteig herstellen und in den Kühlschrank legen.
Quark, 2 Eier und Zucker in einer Rührschüssel von Hand rühren. Vanillepudding, Öl, Sauerrahm und Milch zusammenrühren und unter die Quarkmasse heben.
Nach ca. 45 Min. den Mürbteig ausrollen, in eine Springform geben. Die Quarkmasse daraufgeben (die Masse ist sehr flüssig, wird aber beim Backen gut fest) und die Mandarinen darauf verteilen. Bei 180 Grad ca. 50 Min. backen. Kuchen auskühlen lassen und mit klarem Tortenguß überziehen.

GLASIERTER ORANGENKUCHEN

Zutaten:
100 g Pflanzenmargarine
120 g Zucker
6-8 Spritzer Süßstoff oder etwas Zucker
1 Prise Salz
2 Eier
1/2 TL Orangenextrakt
Abgeriebene Schale einer unbehandelten Zitrone
60 g gemahlene Mandeln
2 TL Backpulver
200 g Mehl
6 EL Orangensaft
2 EL Zitronensaft
3 EL Orangenmarmelade

Zubereitung:
Margarine, Zucker, Süßstoff und Salz schaumig rühren, nach und nach Eier zufügen.
Orangenextrakt und Zitronenschale unterrühren, Mandeln dazugeben und abwechselnd das mit Backpulver gemischte Mehl und den Orangen-Zitronensaft unter den Teig rühren.
Eine Kastenform (25 cm) mit Backtrennpapier auslegen, Teig einfüllen. Heißluft bei ca. 160 Grad 45-50 Min. backen. Ober- und Unterhitze ca. 180 Grad.
Den ausgekühlten Kuchen mit Marmelade überziehen.

Zitronenkuchen

350 g Margarine

350 g Zucker

1 Päckchen

6 Eier

abgeriebene Schale von 2 Zitronen

3 gestrichene Teelöffel Backpulver

350 g Mehl

Zutaten zu einem Rührteig verarbeiten, auf ein gefettetes Backblech streichen. Bei 175-200° 20 Minuten backen.

Guß:
200 g Puderzucker mit 4 Eßlöffel Zitronensaft glattrühren.

ERDBEER - JOGHURT - TORTE

Zutaten für den Teig:
100 g Margarine
200 g Mehl
100 g Zucker
1 Ei

Zutaten für den Belag:
10 Blatt Gelatine
500 g frische Erdbeeren
3 Becher Magerjoghurt
2 Päckchen Vanillezucker
60 g Zucker

Zubereitung:
Aus Mehl, Zucker, Margarine und Ei einen Mürbteig bereiten. In eine gefettete Springform geben und 15 Minuten bei 200 Grad backen.
Erdbeeren passieren (einige Früchte für die Garnierung zurückbehalten).
Das Mus mit Joghurt, Zucker und Vanillezucker verrühren.
Die eingeweichte Gelatine gut ausdrücken und in 3 EL heißem Wasser auflösen.
Etwas abkühlen lassen und unter die Erdbeermasse rühren.
Die Creme in die Springform füllen und glattstreichen.
1 Stunde kaltstellen.
Anschließend mit Sahnehäubchen und Erdbeeren garnieren.

HANSEN - JENSEN - TORTE

Zutaten für den Teig:
100 g Butter
100 g Zucker
4 Eigelb
1 Päckchen Vanillezucker
125 g Mehl
1/2 Päckchen Backpulver

Zutaten für Meringenmasse:
4 Eiweiß
150 g Zucker
80 g Mandelblättchen

Zutaten für die Füllung:
2 Becher Sahne
2 Päckchen Sahnesteif
1 Glas Sauerkirschen
2 Päckchen roter Tortenguß

Zubereitung:
Aus den Teigzutaten einen Rührteig herstellen, diesen in 2 Teile teilen. In 2 Formen mit Rand geben (26 cm).
Bei 180 Grad vorbacken, bis die Böden blaß gelb sind. Eischnee mit dem Zucker schlagen.
Die Masse gleichmäßig über beide Böden streichen und die Mandeln darauf verteilen.
Die Böden weiterbacken bis die Mandeln leicht bräunlich werden. Einen Boden sofort nach dem Backen in 16 Stücke teilen.
Der 2. Boden bleibt ganz.
Erkalten lassen.
Um den ganzen Boden einen Tortenring stellen. Tortenguß mit dem Saft der Kirschen aufkochen, mit den Kirschen über den Boden geben.
Kalt werden lassen.
Sahne steif schlagen und über die Kirschen geben .
Die geteilten Bodenstücke darauf anordnen.

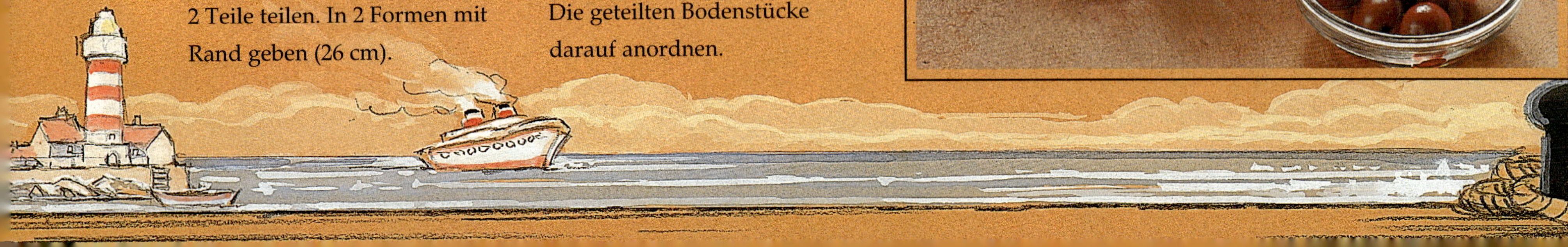

FRANKFURTER KRANZ

Zutaten für den Teig:
250 g Mehl
70 g Speisestärke
1 Päckchen Backpulver
250 g Zucker, 1 Prise Salz
150 g weiches Fett, 5 Eier
Zutaten für die Füllung:
1/2 l Milch, 1 Eigelb
1 Päckchen Vanillezucker
1 Prise Salz
1 Päckchen Vanillepudding
250 g weiche Butter
Zutaten für die Dekoration:
12 Belegkirschen
1 Becher süße Sahne
125 g Krokantstreusel

Zubereitung:
Aus den Zutaten einen Rührteig bereiten, in gefetteter Kranzform bei 190 Grad ca. 35-45 Min. backen. Auskühlen und ruhen lassen. Zweimal quer durchschneiden. Für die Füllung 3/4 der Milch mit Zucker, Vanillezucker und Salz aufkochen. Restliche Milch mit Puddingpulver und Eigelb verrühren, in kochende Milch geben. Abkühlen lassen, dabei immer wieder rühren, damit sich keine Haut bildet. Butter schaumig rühren und den abgekühlten Pudding eßlöffelweise unterrühren. Die Böden mit Creme bestreichen und zusammensetzen. Den Rand ebenfalls mit Creme bestreichen. Den Kranz außen mit Krokantstreuseln bestreuen.Mit geschlagener Sahne 12 Rosetten aufspritzen und darauf die Kirschen setzen. Im Kühlschrank ca. 1 Stunde fest werden lassen.

BÖHMISCHER KIRSCHENKUCHEN

Zutaten:

200 g Butter oder Margarine
175 g Zucker
1 Päckchen Vanillezucker
1 Prise Salz
3 Eier
200 g Mehl
2 TL Backpulver
2 EL Milch

Margarine zum Einfetten
Semmelbrösel zum Ausstreuen

Zutaten für den Belag:

900 g entsteinte Schattenmorellen
2 EL Zucker
2 EL gehackte Mandeln

Zubereitung:

Fett und Zucker schaumig rühren. Nach und nach Zucker, Vanillezucker und Salz einrühren. Eier einzeln in die Masse geben. Weiterrühren bis sich der Zucker gelöst hat.
Mehl und Backpulver unterheben. Wenn der Teig fest ist , die Milch unterziehen.
Der Teig soll schwer reißend vom Löffel fallen. Eine Springform (26 cm) einfetten und mit Semmelbröseln ausstreuen.
Den Teig einfüllen und mit Schattenmorellen belegen.
Ca. 50 Min. bei 180 Grad backen. 10 Min. vor Backende mit Zucker-Mandelgemisch bestreuen.

OBSTKUCHEN

Zutaten für den Teig:

1/2 Tasse Zucker
1/2 Tasse Milch (zimmerwarm)
1 EL weiches Fett
1/2 Päckchen Backpulver
1 Ei
Mehl, soviel der Teig aufnimmt

Zutaten für den Belag:

200 g gemahlene Haselnüsse
Obst (z.B. 750 g Sauerkirschen oder Zwetschgen)

Zutaten für den Guß:

70-80 g weiche Margarine
140 g Zucker
3 Eier
etwas (gemahlener) Zimt

Zubereitung:

Alle Teigzutaten zu einem geschmeidigen Mürbteig kneten und sofort ausrollen, in eine gefettete Form (28 cm) geben.
Mit der Gabel mehrmals einstechen. 1/3 der Haselnüsse darauf streuen, das Obst verteilen und die restlichen Haselnüsse darüber geben.
Die Gußzutaten (der Reihenfolge nach) schaumig rühren und aufstreichen.
Bei vorgeheiztem Backofen ca. 60 Min. bei 190-200 Grad backen. 10 Min. in der Form ruhen lassen, dann stürzen.

DONAUWELLEN

Zutaten für den Teig:
250 g Butter oder Margarine
350 g Mehl, 6 Eier, 200 g Zucker
1 Päckchen Vanillezucker
1/2 Päckchen Backpulver
2 Gläser entsteinte Sauerkirschen
2 EL Kakao

Zutaten für die Buttercreme:
3/4 l Milch
250 g Butter
3 EL Zucker
2 Päckchen Vanille-Puddingpulver
2 Päckchen Schoko-Glasur

Zubereitung:
Butter schaumig rühren, nach und nach Zucker und Eier zugeben. Mehl mit Backpulver mischen, eßlöffelweise unter die Masse rühren.
1/3 des Teiges mit Kakao verrühren. Hellen Teig auf ein gefettetes Backblech streichen, dunklen Teig darübergeben. Mit einer Gabel Wellen ziehen (Donauwellen).
Kirschen abtropfen lassen und auf dem Teig verteilen.
Im vorgeheizten Backofen ca. 30 Min. bei 200 Grad backen.
Aus Milch, Zucker und Puddingpulver einen Pudding kochen, abkühlen lassen, dabei öfter umrühren. Zimmerwarme Butter eßlöffelweise zugeben und gut verrühren.
Fertige Buttercreme auf den erkalteten Kuchen streichen.
Schokoladenglasur im Wasserbad auflösen und über die Buttercreme träufeln.

BIRNENKUCHEN

Zutaten für den Teig:
125 g Margarine
100 g Zucker
1 Ei
Salz
abgeriebene Zitronenschale
1 Päckchen Vanillezucker
150 g Mehl
1/2 Päckchen Backpulver

1 Dose Birnen

Zutaten für den Guß:
500 g Quark
Saft 1/2 Zitrone
1 ganzes Ei
2 Eigelb
1 Päckchen Vanillezucker
1 Päckchen Vanillepudding
100 g Zucker
1/2 l Milch
1 Tasse Oel

Zubereitung:
Aus den Teigzutaten einen Mürbteig herstellen, diesen in eine Springform legen.
Birnen in Streifen schneiden, abtropfen lassen und auf dem Teig verteilen.
Mit Puddingpulver und Milch einen Pudding kochen, diesen abkühlen lassen.
Restliche Gußzutaten unterrühren, auf den Teig geben und glattstreichen.
Im vorgeheizten Backofen ca 50 Min. bei 180 Grad backen.
Eiweiß und 150 g Zucker steif schlagen, über den Kuchen geben und noch einmal 10 Min. backen.

RÜHRKUCHEN HAWAII

Zutaten:
200 g Ananas oder Mandarinen (Dose)
150 g Butter oder Margarine
150 g Zucker
250 g Mehl
20 g gemahlene Haselnüsse
1 Pr.Salz
2 Eier
4 EL Zitronensaft
2 TL Backpulver

Zubereitung:
Ananas oder Mandarinen zum Abtropfen auf ein Sieb geben. Butter oder Margarine schmelzen, abkühlen lassen, mit Zucker und der Prise Salz schaumig rühren.
Eier nacheinander hinzufügen und weiterrühren, bis der Zucker gelöst ist.
Zitronensaft und Haselnüsse dazugeben, das mit Backpulver vermischte Mehl unter den Teig rühren.
Zuletzt die zerkleinerten Früchte unterheben.
In eine Kastenform, 26 cm, füllen.
Backzeit ca. 50 Minuten 175 - 200 Grad.
Den fertigen Kuchen mit Zuckerguß überziehen.

KLEINE SCHOKO-IGEL

Zutaten für den Teig:
100 g Butter
60 g Zucker
1 Prise Salz
160 g Mehl

Zutaten für die Füllung:
1 Päckchen Vanille-Pudding
1/2 l Milch
2 Eigelb
150 g Zucker
250 g Butter
40 g Kakaopulver
1 Biskuitboden
(gekauft oder selbstgebacken)
50 g Zucker
1/2 Tasse Wasser

Zutaten zum Dekorieren:
100 g Mandelstifte
300 g Schoko-Fettglasur

Zubereitung:
Aus den Teigzutaten einen Mürbteig herstellen, 2 Stunden im Kühlschrank ruhen lassen. Aus Karton eine Schablone von ca. 8 - 9 cm Länge in Form eines zugespitzten Ovals schneiden. Backofen auf 200 Grad vorheizen. Den Teig 1/2 cm dick auswellen und mit Hilfe der Schablone igelförmige Plätzchen aus dem Teig schneiden. Die Plätzchen auf mittlerer Stufe 8-10 Minuten backen. Abkühlen lassen. Puddingpulver mit 3 EL Milch anrühren, mit den Eigelben verquirlen. Restliche Milch mit Zucker zum Kochen bringen. Puddingpulver einrühren und aufkochen lassen. Den Pudding unter ständigem Rühren abkühlen lassen. Butter schaumig rühren. Wenn Pudding und Butter dieselbe Temperatur haben, den Pudding unter die Butter rühren. 3 EL Buttercreme zum Verzieren zurückbehalten. Kakaopulver unter die restliche Creme geben. Den Biskuitboden in kleine Würfel schneiden. Zucker mit Wasser aufkochen, Biskuitwürfel damit übergießen und zugedeckt 30 Minuten ziehen lassen. Biskuitwürfel vorsichtig unter die Buttercreme mischen. Die Würfel sollen nicht zerfallen. Die Creme igelförmig auf die Plätzchen setzen. 1 Stunde im Kühlschrank fest werden lassen. Schoko-Fettglasur im Wasserbad schmelzen. Die Mandelstifte auf die Igel stecken. Igel in Schoko-Fett - glasur tauchen und auf einem Kuchengitter auskühlen lassen. Mit restlicher Buttercreme Nase und Augen aufspritzen.

RAFFAELLO - TORTE

Zutaten:
125 g Zucker
1 Päckchen Vanillezucker
125 g Butter
4 Eier
100 g Mehl
3 gestrichene TL Backpulver
50 g Kokosraspeln

Zutaten für den Belag:
etwas Aprikosenmarmelade
2-3 Becher süße Sahne
2-3 Päckchen Sahnesteif
12-14 Raffaellos
1 kleine Dose Aprikosen

Zubereitung:
Kokosraspeln goldgelb rösten, abkühlen lassen. Butter, Zukker, Vanillezucker und Eigelb schaumig rühren. Kokosraspeln und Mehl daruntergeben und mit dem steif geschlagenen Eiweiß mischen. Teig in einer Springform (26 cm) 30 Min. bei 180 Grad backen. Aprikosenmarmelade kurz erwärmen und auf den erkalteten Boden streichen. Aprikosen darüber legen. Sahne mit Sahnesteif steif schlagen. Raffaellos zerkleinern, unter die Sahne mischen. Sahne über die Aprikosen streichen. Mit halben Raffaellos verzieren.

Schneeflöckchen-Torte
1 Tortenboden
1½ Päckchen Vanillepudding mit ½ l Milch kochen.
VANILLE PUDDING
200 g Margarine
250 g Puderzucker
zum Pudding geben und abkühlen lassen.
Quark
250 g Quark, 100-150 g Kokosflocken unterrühren.
Auf dem Tortenboden verteilen und mit Kokosflocken bestreuen.

FRISCHKÄSE - KIWI - TORTE

Zutaten für den Boden:
250 g Löffelbiskuits
150 g Butter

Zutaten für die Füllung:
200 g Frischkäse
Saft 1 Zitrone
2 Päckchen Vanillezucker
1 Päckchen Götterspeise Zitrone
100 g Zucker
1/2 l Sahne

Zubereitung:
Löffelbiskuits mit einer Teigrolle fein zerkleinern (2 Stück zurückbehalten) und mit der Butter vermengen.

Eine Springform einfetten, die Löffelbiskuitmasse auf dem Boden verteilen und mit der Hand flachdrücken.
Die Götterspeise mit 1 Tasse kaltem Wasser anrühren und ca. 10 Min. quellen lassen. Anschließend unter Rühren erhitzen, bis die Götterspeise gelöst ist, etwas abkühlen lassen.
Käse, Zitronensaft, Zucker, Vanillezucker und die Götterspeise in einer Schüssel gut verrühren und die steifgeschlagene Sahne unterziehen.
Die Creme auf dem Boden gleichmäßig verteilen und über Nacht in den Kühlschrank stellen. Vor dem Servieren die 2 Löffelbiskuits zerbröseln, auf die Torte streuen und mit Kiwi-Stückchen garnieren.

Tortenguß
KLAR
schnell

SCHOKO - CORNIES

Zutaten für den Teig:
200 g Vollmilchschokolade
300 g dunkle Schokolade
25 g Kokosfett
1 Päckchen Vanillezucker
200 g Cornflakes

Zubereitung:
Schokolade im Wasserbad schmelzen, Kokosfett und Vanillezucker dazugeben. Wenn die Masse abgekühlt ist die Cornflakes unterheben. Ein Brett oder Backblech mit Backpapier belegen, mit Teelöffel Häufchen aufsetzen. Im Kühlschrank erstarren lassen.

SCHOKOTRÜFFEL

Zutaten für etwa 35-40 Stück:
120 g Vollmilchkuvertüre
120 g Halbbitterkuvertüre
40 g Haselnußkrokant
100 g Sahne
60 g Butter
50 g Haselnußnougat

Zutaten zum Überziehen:
600 g Vollmilchkuvertüre
Kokosraspeln
Kakaopulver
Schokoladenstreusel
Haselnußkrokantstreusel

Zubereitung:
Kuvertüre kleinhacken.
Krokant fein zerstoßen (in einen Beutel geben und mit einem Nudelholz rollen).
Backblech mit Folie auslegen.
Sahne bis zum Kochen erhitzen, Butter einrühren, Topf vom Feuer nehmen.
Kuvertürenbrösel und Nougat darin auflösen, alles glattrühren. Zerstoßenen Krokant einrühren.
Konfektmasse 1 cm hoch auf die Frischhaltefolie streichen.
Mit einer zweiten Frischhaltefolie abdecken und einen Tag lang in einen kühlen Raum stellen. Etwa 2 x 2 cm große Würfel schneiden und zu Kugeln formen. Falls die Hände zu warm sind, mit wenig Puderzucker bestäuben.
Kugeln auf Backtrennpapier legen. Im Wasserbad Vollmilchkuvertüre verflüssigen, Schokoladenkugeln auf Kuchengabeln aufspießen, in die Kuvertüre tauchen.
Anschließend Trüffel entweder in Kokosraspeln, Kakaopulver, Schokoladenstreuseln oder Krokantstreuseln wälzen.
Auf Kuchengitter fest werden lassen und in Papierpralinenförmchen geben.

BANANENTORTE

Zutaten:

1 Biskuitboden

Aprikosenmarmelade
Bananen
2-3 Becher Sahne
2-3 Päckchen Sahnesteif
1 Tafel Vollmilch-Schokolade

Zubereitung:

Biskuitboden mit Marmelade bestreichen. Bananen halbiert auf dem Boden verteilen.
Am Abend zuvor Schokolade und 2 Becher Sahne langsam erhitzen, bis sich die Schokolade aufgelöst hat. Über Nacht in den Kühlschrank stellen.
Sahne und Schokolade mit Sahnesteif schlagen, über die Bananen geben. Mit Schokostreuseln verzieren.

SCHOKOLADEN - CREME - TORTE

Zutaten für den Teig:

5 Eier
200 g Zucker
3 EL heißes Wasser
125 g Mehl
125 g Speisestärke
1 Msp. Backpulver
1 Päckchen Vanillezucker

Zutaten für die Creme:

1/2 l Sahne
2 EL Zucker
1 EL Rum
50 g Schoko-Raspeln
3 EL Kakao
200 g Schoko-Fettglasur

Zubereitung:

Eier, Zucker und Vanillezucker in einer Schüssel cremig schlagen. Das mit Speisestärke und Backpulver vermischte Mehl darübersieben und unter die Eimasse rühren. Den Teig in eine Springform füllen. Bei 200 Grad ca. 30 Min. backen und erkalten lassen.
Sahne schlagen und ca. 4/5 mit Schokosraspeln, Kakao und Rum mischen.
Den kalten Boden 2 mal durchschneiden und mit der Schokosahne füllen.
Schoko-Glasur im Wasserbad schmelzen und die Torte bestreichen. Mit der restlichen Sahne verzieren.

NUSSECKEN

Zutaten für den Teig:
225 g Mehl
75 g Speisestärke
1 TL Backpulver
125 g Zucker
2 Päckchen Vanillezucker
2 Eier
125 g Margarine

Zutaten für den Belag:
100 g Marmelade
200 g Margarine
200 g Zucker
2 Päckchen Vanillezucker
6 EL Wasser
400 g gemahlene Haselnüsse
1 Päckchen Kuvertüre

Zubereitung:
Die Teigzutaten zu einem glatten Teig verkneten.
Den Teig auf ein gefettetes Blech rollen und die Marmelade aufstreichen.
Für den Belag Margarine und Zucker schmelzen, anschließend Haselnüsse und Wasser unterrühren.
Die Masse auf dem Teig gleichmäßig verteilen.
45 Min. bei 175 Grad backen.
Den abgekühlten Teig in ca. 8 x 8 cm große Vierecke schneiden, dann zu Dreiecken teilen.
Die Ecken mit Kuvertüre verzieren.

Ananas-Kuchen

Alles gut verrühren und auf einem Backblech verteilen. Ananasscheiben darauf legen.

Bei 200° ca. 25 Min. backen.

KRÜMELTORTE

Zutaten für den Teig:
1 Tafel Schokolade
(Halbbitter) gemahlen
150 g gemahlene Haselnüsse
250 g Zucker
250 g Butter
250 g Mehl
3 EL Rum
1/2 Päckchen Backpulver
4 Eier

Zutaten für den Belag:
1/2 l Sahne
1 Päckchen Sahnesteif
2 EL Rum
Schokoladenraspeln

Abbildung Seite 44

Zubereitung:
Butter schaumig rühren, abwechselnd Zucker und Eigelb mitrühren. Das mit Backpulver vermischte Mehl, sowie die Haselnüsse, die Schokolade und den Rum unterrühren. Zum Schluß das steifgeschlagene Eiweiß unterziehen.
In eine Springform füllen und bei 175 Grad ca. 40 Minuten backen. Am nächsten Tag den Kuchen aushöhlen
(Rand stehen lassen), kleine Krümel daraus machen.
Diese mit dem Rum tränken.
Die geschlagene Sahne mit 3/4 der Krümel mischen und den Kuchen damit füllen.
Mit den restlichen Krümeln und den Schokoladenraspeln den Kuchen bestreuen.

OBSTTORTE MIT JOGHURTSAHNE

Zutaten für den Teig:
150 g Weizenmehl
1 1/2 gestr. TL Backpulver
65 g Zucker
1 Päckchen Vanillezucker
1 Ei
65 g kalte Butter

Zutaten für die Füllung:
750 g rohes Obst
(Stachelbeeren, Himbeeren, Erdbeeren)
oder eingemachtes Obst
(Aprikosen, Pfirsiche o.ä.)
1 Päckchen Tortenguß
1/4 l Wasser oder Fruchtsaft
25-50 g Zucker

Zutaten für die Joghurtsahne:
2 Päckchen Sahnesteif
50 g Zucker
250 ml Sahne
1 Becher Joghurt
2-3 EL Zitronensaft
25 g gehackte Mandeln (abgezogen)

Zubereitung:
Mehl und Backpulver mischen. In die Mitte Ei, Zucker, Vanillezucker geben und zu einem dicken Brei verrühren. Mit Mehl bedecken. Auf den Mehlrand die Butterstückchen verteilen und alles rasch zu einem glatten Teig zusammenkneten. Ca. 30 Minuten kaltstellen. Ausrollen und in eine 26 cm Springform geben. Rand 3 cm hoch drücken. Boden mehrmals einstechen. Bei 200-220 Grad 15-20 Min. backen. Den ausgekühlten Tortenboden mit Sahnesteif bestreuen (damit der belegte Kuchen nicht durchweicht).

Obst mit Zucker bestreuen. Auf dem kalten Boden verteilen. Tortenguß nach Vorschrift zubereiten , auf das Obst geben und fest werden lassen. Sahne mit Sahnesteif und Zucker fast steif schlagen, Joghurt zugeben, fertig schlagen. Mit Zitronensaft abschmecken. Über die Torte geben und mit Mandeln bestreuen.

Abbildung Seite 44

GEDECKTER KIRSCHKUCHEN

Zutaten für den Teig:
150 g Butter
150 g Zucker
3 Eier
300 g Mehl
1 Päckchen Backpulver
6 EL Milch
1 Prise Salz
1 EL Kakao (gehäuft)
4 EL gemahlene Mandeln (gehäuft)
1 Msp. Muskat
1 TL Zimt
1 EL Rum
500 g Sauerkirschen
1 Tafel geraspelte Halbbitterschokolade

Zubereitung:
Aus allen Zutaten außer Schokolade und Kirschen einen Rührteig herstellen. Zum Schluß die Schokolade unterheben.
2/3 des Teiges in eine gefettete Springform (24-26 cm) füllen und die Hälfte der Kirschen daraufgeben. Mit dem Restteig bedecken und die restlichen Kirschen darauf verteilen.
Bei vorgeheiztem Backofen ca. 60 Min. bei 200 Grad backen.
In der Form etwas auskühlen lassen, danach mit Puderzucker bestäuben.

KÄSEKUCHEN

Zutaten für den Teig:
300 g Mehl
175 g Margarine
100 g Zucker
2 Eigelb
1 Beutel Citroback

Zutaten für Käsemasse:
750 g Quark (Magerquark)
200 g Zucker
1 Päckchen Vanillezucker
1 ungespritzte Zitrone
(Saft und Schale)
1/4 l saure Sahne
5-6 Eier (trennen)
60 g Mehl
evtl. Obst auf den Teigboden
(Mandarinen, Kirschen o. ä.)

Zubereitung:
Aus den Teigzutaten einen Mürbteig bereiten.
Kühl stellen.
Eiweiß mit 100 g Zucker steif schlagen. Quark, 100 g Zucker, Vanillezucker, Zitrone, Eigelb und Mehl verrühren.
Eischneemasse unter Quarkmasse heben. Saure Sahne cremig schlagen und unterrühren.
In eine höhere Form geben, bei 200 Grad ca. 60 Min. backen.
Nach dem Backen muß der Kuchen unbedingt ca. 10 Min. in der Form auskühlen.

Zutaten für den Teig:
150 g Margarine
200 g Zucker
1 Päckchen Vanillezucker
1 Prise Salz
6 Eigelb
200 g Vollmilchschokolade
125 g gemahlene Mandeln
125 g geriebener Zwieback
1 TL Backpulver
6 Eiweiß

Zutaten für den Guß:
200 g Puderzucker
2 EL Kirschwasser
2 EL Wasser

Zubereitung:
Margarine, Zucker, Vanillezucker, Salz und Eigelb schaumig rühren.

Schokolade schmelzen,
abl
ge
u
Ei
u
D
Sp
Be
ca

Puderzucker, Kirschwasser
…er verrühren, den
…amit bestreichen.

~~Di~~
Cheesecake
15 Spekulatius
Butter
90g Frischkäse
2 Eier
320g Zucker
30g Speisestärke
1 Vanilleschote
175g Schlagsahne
2 EL Paniermehl
1 Glas Kirschen
25g Speisestärke

APRIKOSEN- ODER PFIRSICHKUCHEN

Zutaten für den Teig:
250 g Mehl
125 g Zucker
1 Ei
150 g Butter

Zutaten für den Belag:
1 Dose Pfirsiche
oder Aprikosen mit Saft
1 Päckchen Vanillepudding

Zutaten für den Guß:
3 Eier, getrennt
90 g Zucker
1 Becher saure Sahne

Zubereitung:
Teigzutaten zu einem Mürbteig verarbeiten, in eine Springform geben. Früchte darauf verteilen. Fruchtsaft zu 1/2 l auffüllen, Vanillepudding damit kochen. Die heiße Masse über die Früchte streichen.
Bei 175 Grad ca. 35-40 Min. backen.

Zubereitung Guß:
3 Eigelb mit Zucker schaumig rühren, saure Sahne unterrühren. Eiweiß zu steifem Schnee schlagen und unterheben.
Auf den vorgebackenen Kuchen streichen und nochmals ca. 15 Min. backen.
In der Form erkalten lassen.

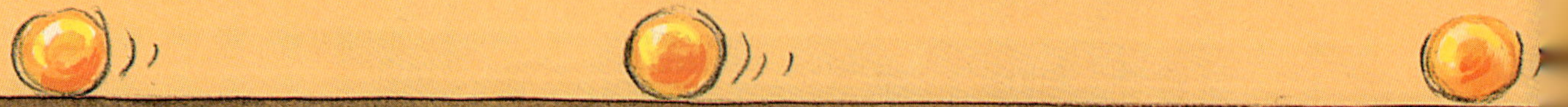

VERSUNKENER APFELKUCHEN

Zutaten:
200 g weiches Fett
6 Eier (getrennt)
250 g Zucker
Saft und Schale einer Zitrone
300 g Mehl
2 Prisen Salz
1/2 Päckchen Backpulver
5-6 große Äpfel

Zubereitung:
Fett in einem Topf zerlassen. Eigelb und Zucker schaumig rühren. Fett langsam einrühren. Zitrone zufügen. Danach, das mit Backpulver und Salz vermischte Mehl, untermischen. Zum Schluß das steifgeschlagene Eiweiß unterheben. Alles in eine gefettete und bemehlte Springform (26 cm) füllen und glattstreichen.
Äpfel schälen, entkernen, vierteln und die obere Seite dünn einschneiden.
Äpfel auf den Teig setzen und etwas eindrücken.
Mit dem restlichen Zucker bestreuen.
Im vorgeheizten Backofen bei 200 Grad 40 Minuten backen.
Dazu schmeckt Schlagsahne.

GERASPELTER APFELKUCHEN (VOM BLECH)

Zutaten für den Teig:
500 g Mehl
1 Päckchen Trockenhefe
100 g Zucker
2 Eier
100 g Margarine
1/8 - 1/4 l lauwarme Milch

Zutaten für den Belag:
1 kg Äpfel
1 Becher süße Sahne
1 Becher Sauerrahm
1 Päckchen Vanillezucker

Zubereitung:
Alle Teigzutaten gut verrühren, "gehen" lassen, dann ausrollen und auf ein gefettetes Backblech geben.
Die Äpfel grob geraspelt auf dem Teig verteilen.
Süße Sahne, Sauerrahm und Vanillezucker vermischen und die Äpfel bestreichen.
Nach dem Backen mit Zimt bestreuen. Im vorgeheizten Backofen bei 175 Grad ca. 45 Minuten backen.

Gewürzkuchen

SPIEGELEIERKUCHEN

Zutaten für den Teig:
200 g Margarine
200 g Zucker
4 Eier
200 g Mehl
2 TL Backpulver

Zutaten für den Belag:
1/4 l Milch
1/2 Päckchen Vanillepudding
100 g Crème Fraîche
1/2 Dose Aprikosen
2 EL gehackte Pistazienkerne

Zutaten für den Guß:
250 ml (1/4 l) Aprikosensaft
1 Päckchen Tortenguß (klar)

Zubereitung:
Margarine cremig rühren, Zucker und Eier einzeln unterrühren. Mehl und Backpulver unter die Masse rühren. Den Teig auf ein mit Backpapier ausgelegtes Backblech streichen und zunächst bei ca. 175 Grad 15 Min. backen.In der Zwischenzeit aus Milch und Puddingpulver einen Pudding kochen, etwas abkühlen lassen. Crème Fraîche unterrühren. Die Masse fleckenartig (als Eiweiß) auf dem Kuchen verteilen, dann 10 Min. bei gleicher Temperatur backen. Nach dem Abkühlen die abgetropften Aprikosenhälften als "Eigelb" auf die "Eiweiß" legen. Mit den Pistazien bestreuen. Aprikosensaft mit Wasser auf 300 ml auffüllen und nach Anweisung einen Tortenguß herstellen. Guß über den Kuchen geben.

Zutaten für den Teig:
100 g Butter
100 g Zucker
1 Prise Salz
2 Eier
350 g Mehl
1 Päckchen Backpulver
4 EL Milch

Zutaten für die Dekoration:
150 g Puderzucker
2 EL Zitronensaft
Schokoladenglasur
Speisefarbe
Bunte Schokolinsen
Gummibärchen

Zubereitung:
Butter schaumig rühren. Zucker, Salz, Vanillezucker und Eier nach und nach unterrühren. Mehl und Backpulver abwechselnd mit Milch zugeben. Teig muß zäh sein. In eine Spritztülle füllen. Teigtupfer (ca. 1 EL) auf ein mit Backpapier belegtes Blech spritzen.

Bei 180 Grad 15-20 Minuten hellbraun backen. Die erkalteten Amerikaner entweder mit Zitronenguß oder mit Schokoladenglasur bestreichen. Zum Dekorieren verwenden wir z.B. Speisefarbe, Gummibärchen oder bunte Schokolinsen.

Rührkuchen mit Kirschen
250g Butter oder Margarine
250g Zucker
4 Eier
1 Päckchen
VANILLIN ZUCKER
schaumig rühren
500g Mehl
MEHL
1 P.
BACK PULVER
1 Prise Salz
1/8 l Milch
nach und nach unter-rühren
1 Päckchen Schoko-raspeln (100g)
1 Glas Kirschen
zuletzt unterrühren
Bei 180-200°
1 Stunde backen.

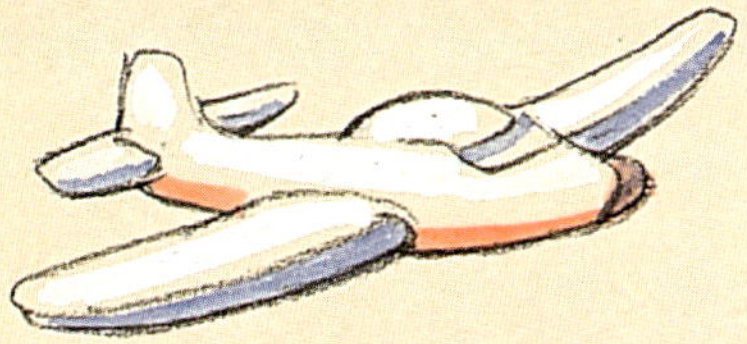

ZWERGEN - TORTE

Zutaten für den Teig:
100 g Zartbitter-Schokolade
7 Eier
150 g Zucker
1 Päckchen Vanillezucker
150 g gemahlene Haselnüsse
25 g Mehl
1 gestr. TL Backpulver

Zutaten für die Füllung:
150 g Butter
50 g Puderzucker
2 Eigelb
100 g Zartbitter-Schokolade

Zubereitung:
Schokolade zerbröckeln, bei schwacher Hitze schmelzen. Eier in einer Schüssel 1 Min. auf höchster Stufe schlagen. Unter Rühren, den mit Vanillezucker gemischten Zucker, langsam einstreuen, dann noch 2 Min. schlagen. Die geschmolzene Schokolade (nicht zu warm!), Haselnüsse und das mit Backpulver vermengte Mehl kurz auf niedrigster Stufe unterrühren. Den Teig in eine mit Backpapier ausgelegte Springform (ca. 23 cm) füllen und sofort im vorgeheizten Ofen bei 150 -175 Grad ca. 40-50 Min. backen. Den Boden gut auskühlen lassen. Butter mit Puderzucker schaumig rühren, 2 Eigelb unterschlagen. Zuletzt die geschmolzene Schokolade (nicht zu warm!) unterrühren. Boden aufschneiden, füllen und nach Belieben verzieren.

APFEL - WEISSWEIN - KUCHEN

Zutaten für den Teig:

250 g Mehl
125 g Zucker
1 Ei
150 g Butter

Zutaten für den Belag:

1 kg Äpfel (geschält in Scheiben geschnitten)
250 g Zucker
3/4 l Weißwein
2 Päckchen Vanillepudding
2 Becher süße Sahne
etwas Zucker
Eierlikör (nach Belieben)

Zubereitung:

Teigzutaten zu einem Mürbteig verarbeiten, Springform damit auslegen.
Weißwein zum Kochen bringen, das angerührte Puddingpulver einrühren und aufkochen lassen.
Den Zucker zugeben.
Äpfel mit der Pudding-Masse vermengen und auf den Teig geben.
1 1/4 Std. bei 170 Grad backen.
In der Form kalt werden lassen.
Sahne mit etwas Zucker steif schlagen, auf den kalten Kuchen geben. Nach Belieben Eierlikör als Gitter über die Sahne geben.

APFELBROT

Zutaten:

750 g Äpfel (geraspelt)
200 g Zucker
500 g Mehl
1 Päckchen Rosinen
125 g Haselnüsse (grob gemahlen)
1 EL Rum
1 TL Zimt
2 Päckchen Backpulver

Zubereitung:

Äpfel, Zucker, Rosinen, Haselnüsse, Rum und Zimt vermischen, über Nacht ziehen lassen.
Anschließend Mehl und Backpulver unterrühren und in 2 gut gefettete Kastenformen (ca 30 cm lang) einfüllen.
Im vorgeheizten Backofen bei 200 Grad ca. 50 Minuten backen.

LINZERTORTE

Zutaten:
190 g Margarine
190 g Zucker
300 g Mehl
190 g geriebene Haselnüsse
2 Eier
1 1/2 TL Backpulver
1 1/2 Päckchen Vanillezucker
1 MSP gemahlene Nelken
1 MSP gemahlener Zimt
1 EL Kakao
125 g Johannisbeer-Konfitüre

Zubereitung:
Alle Teigzutaten verkneten. 3/4 des Teiges ausrollen, in eine Springform geben und den Rand 3 cm hochdrücken. Die Konfitüre darauf verteilen. Den restlichen Teig auswellen und in Streifen schneiden. Gitterartig auf die Konfitüre legen.
Im vorgeheizten Backofen bei 175 Grad 1 Stunde backen.

DIPLOMATENTORTE

Zutaten für den Teig:
150 g Butter
125 g Zucker
3 Eier
1 TL Zimt
125 g gemahlene Nüsse
50 g Mehl
2 TL Backpulver

Zutaten für den Belag:
1/2 Tasse grob geraspelte Schokolade
1 bis 1 1/2 Becher Sahne
4 Scheiben Ananas

Zubereitung:
Aus den Teigzutaten einen Rührteig herstellen, in eine mit Backpapier ausgelegte Springform füllen und bei 170 - 180 Grad 25 - 30 Minuten backen, auskühlen lassen.
Die dünne obere Schicht des Bodens abschneiden und zerkrümeln, Schokolade zugeben.
Sahne sehr steif schlagen.
Ananas in kleine Würfel schneiden, unter die Sahne mischen. Den Boden mit einem Tortenformrand umgeben, Ananassahne auf den Boden füllen, die Krümel auf dem Sahnebelag verteilen und leicht andrücken.
Mit Ananasstückchen verzieren.

SCHWÄBISCHER TRÄUBLESKUCHEN

Zutaten:
300 g Mehl
175 g Margarine
100 g Zucker
2 Eigelb
1 Beutel Citroback
1 Beutel Rumback

Zutaten zwischen Teig und Belag:
1 Eigelb
3 EL Semmelbrösel
50 g gemahlene Mandeln
1 EL Zucker

Zutaten für den Belag:
500 g Johannisbeeren
4 Eiweiß
200 g Zucker
150 g gemahlene Mandeln

Zubereitung:
Aus den Teigzutaten einen Hackteig (Mürbteig) herstellen.Teig in eine Springform geben, einstechen.

1 Eigelb verquirlen, Teig damit bestreichen.
Semmelbrösel, Mandeln und Zucker vermischen und auf das Eigelb verteilen.
15-20 Min. bei 175-200 Grad backen.

Eiweiß und Zucker steif schlagen.
Johannisbeeren und Mandeln zum Eischnee geben, unterheben und auf dem Kuchen verteilen.
Weitere 30-40 Min. bei 175 Grad backen.

EMMENTALER CHIPS

Zutaten :

125 g Mehl
1/4 TL Salz
50 g geriebener Emmentaler
50 g Margarine
1 Eigelb
1-2 EL Sahne

Zubereitung:

Alle Zutaten zu einem glatten Teig verkneten. Eine Rolle formen (ca. 5 cm Ø) und über Nacht kalt stellen
(oder 1/2 - 1 Std. tiefkühlen).
In 1-2 mm dicke Scheiben schneiden. Auf ein mit Margarine gefettetes Backblech legen, im vorgeheizten Backofen
7-10 Min. backen.
Elektroherd 175-200 Grad.
Die Chips sollen nur am Rand goldgelb sein.

RAHMSTANGEN

Zutaten:

340 g Mehl
230 g weiches Fett
150 g saure Sahne
Zucker zum Ausrollen

Zubereitung:

Mehl, Fett und saure Sahne zu einem geschmeidigen Teig kneten, ca. 1 Stunde kalt stellen.
Auf bemehlter Fläche messerrückendick zu einem Quadrat ausrollen. Dick mit Zucker bestreuen und mit Backrädchen in Streifen schneiden (ca. 1,5 cm breit und 8 cm lang).
Im vorgeheizten Backofen auf mittlerer Schiene bei 220 Grad ca.10 Min. backen.
Die Rahmstangen sind blaßbraun, wenn sie fertig sind.

PIZZA - BRÖTCHEN

Zutaten:
200 g Schinken
200 g Salami
200 g Paprika (im Glas)
200 g Pilze
200 g geriebener Käse
200 g Sahne
Gewürze

Zubereitung:
Schinken, Salami, Paprika und Pilze kleinschneiden, Käse und Sahne untermischen, mit Pfeffer, Paprika und Pizzagewürz abschmecken.
Brötchen oder Baguettes damit bestreichen und 10 Min. im vorgeheizten Backofen bei 175-200 Grad überbacken.

KÄSEPLÄTZCHEN

Zutaten für den Teig:
150 g Weizenvollkornmehl
100 g Mehl
1 TL Backpulver
180 g geriebenerKäse
(verschiedene Sorten)
200 g kalte Butter
1 Ei
Pfeffer, Muskat,
Paprika edelsüß

Zutaten zum Bestreichen
und Bestreuen:
1 Eigelb
1 EL Sahne
gehackte Erdnüsse, Pistazien,
Kümmel, Mohn, Sesam

Zubereitung:
Mehl, geriebener Käse, Butterflöckchen, Ei und Gewürze zu einem Mürbteig verkneten. Den Teig 1 Stunde im Kühlschrank ruhen lassen. Danach den Teig auf leicht bemehlter Arbeitsfläche etwa 1/2 cm dick auswellen. Beliebige Plätzchen ausstechen. Die Plätzchen mit dem Eigelb bestreichen und nach Wunsch mit Mohn, Sesam, Kümmel etc. verzieren. Im vorgeheizten Backofen auf der oberen Schiene bei 200 Grad ca. 10 Minuten goldgelb backen.

SCHWARZER KIRSCHKUCHEN

Zutaten:
250 g Zucker
125 g Butter oder Margarine
4 ganze Eier
125 g Mehl
125 g Haselnüsse
1 kleine Tafel
Blockschokolade (gerieben)
1 TL Zimt
2 gestrichene TL Backpulver

1 Glas Kirschen

Zubereitung:
Alle Teigzutaten zu einem Rührkuchen verarbeiten und in eine Springform einfüllen. Kirschen auf dem Teig gleichmäßig verteilen. Bei 150 Grad Heißluft ca. 40-45 Minuten backen. Ober-und Unterhitze 175 Grad.

BACKREZEPT	Seite

Amerikaner	56	Fanta-Kuchen	16	Möhrentorte	7	Schokoladentorte	47
Ananas-Kuchen	41	Faule-Weiber-Kuchen	18	Nußecken	40	Schokotrüffel	37
Apfelbrot	60	Frankfurter Kranz	23	Nuß-Törtchen	14	Spanischer Apfelkuchen	10
Apfel-Weißwein-Kuchen	60	Frischkäse-Kiwi-Torte	34	Obstkuchen	24	Spiegeleierkuchen	55
Apfeltaschen	10	Gedeckter Kirschkuchen	45	Obsttorte mit Joghurtsahne	43	Schwäbischer Träubleskuchen	64
Aprikosen- oder Pfirsichkuchen	48	Geraspelter Apfelkuchen	50	Pizza-Brötchen	67	Schwarzer Kirschkuchen	69
Bananentorte	38	Gewürzkuchen	54	Raffaello-Torte	32	Versunkener Apfelkuchen	50
Birnenkuchen	28	Glasierter Orangenkuchen	18	Rahmstangen	66	Windbeutel "Lisboa"	14
Böhmischer Kirschenkuchen	24	Hansen-Jensen-Torte	22	Rührkuchen Hawaii	28	Zitronenkuchen	20
Buttermilch-Waffeln	17	Käsekuchen	46	Rührkuchen mit Kirschen	58	Zwergenküßchen-Torte	6
Diplomatentorte	63	Käseplätzchen	68	Schneckennudelkuchen	12	Zwergen-Torte	59
Donauwellen	27	Kleine Schoko-Igel	30	Schneeflöckchen-Torte	33		
Emmentaler Chips	66	Krümeltorte	42	Schoko-Cornies	36		
Erdbeer-Joghurt-Torte	21	Linzertorte	62	Schokoladen-Creme-Torte	38		
		Marmorkuchen	13				

Gesamtherstellung: Vehling Verlag GmbH, Werl i. W.
Verantwortlich: Elke Schuster
Rezepte: Zwergenstübchenmütter
Illustration: Georg Csulits
Fotografie: Axel Waldecker
Satz: Werner Rehbein
Litho: Schmiku Repro

Die Rezepte in diesem Buch sind vom Zwergenstübchen und Verlag sorgfältig erwogen und geprüft, dennoch kann eine Garantie nicht übernommen werden.

Eine Haftung des Zwergenstübchens bzw. des Verlages für Personen-, Sach- und Vermögensschäden ist ausgeschlossen.
ISBN 3-536-00481-4

Zwergenstübchen

DIE ERFOLG-REICHE SERIE

Für Mutter und Kind

Schön zu lesen und leicht zu backen. Mit ausgesuchten Rezepten von Kuchen, Torten, Waffeln und Plätzchen. Viele farbige Abbildungen und lustige Illustrationen auf 72 Seiten, Format: 30 x 21,5 cm

Art-Nr. 264

Auf Wunsch vieler Leser kochten unsere Zwerge ganz fleißig und stellten für Sie leckere Rezepte zusammen. Unsere Kochzwerge legten viel Wert auf eine gesunde Küche und suchten Rezepte aus, die schnell, einfach und leicht nachzukochen sind. 72 Seiten, Format: 30 x 21,5 cm

Art-Nr. 318

Für alle treuen Zwergenstübchen-Fans haben die Zwerge noch einmal tief in die geheimnisvolle Rezepte-Truhe gegriffen und präsentierten uns das 2. Zwergenstübchen-Backbuch mit tollen neuen Rezepten. 72 Seiten, Format: 30 x 21,5 cm

Art-Nr. 260

Hier begleiten uns die Zwerge durch Frühling, Sommer, Herbst und Winter. Mit wenig Aufwand und einfachen Mitteln geben sie Anregungen und zeigen wie Sie mit Ihrer Familie den Jahresablauf gestalten können. Viele farbige Abbildungen und lustige Illustrationen auf 72 Seiten, Format: 30 x 21,5cm

Art-Nr.267

In der Zwergen-Backstube duftet es nach frisch gebackenen Plätzchen. Plätzchenrezepte und andere Leckereien, die das ganze Jahr über „zwergig-gut" gelingen und schmecken. Durchgehend farbige Abbildungen und lustige Illustrationen auf 72 Seiten, Format: 30 x 21,5cm

Art-Nr. 283

Alle Zwergenstübchen-familien möchten die Advents- und Weihnachtszeit gemeinsam mit Ihnen verbringen. Die besten Ideen hierzu finden Sie in diesem Buch. Die schönsten Illustrationen und Fotos auf 72 Seiten liebevoll zusammengestellt verschönern auch Ihre festliche Zeit. Format: 30 x 21,5 cm.

Art-Nr. 372

Zwergenstübchen

Vehling